Garfield
sigue rodando

Jim Davis

ediciones
Kraken

Título original: Garfield rolls on
© De esta edición: Ediciones Kraken, 2014
C/ Laurel 23, 1°. 28005 Madrid
www.edicioneskraken.com
kraken@edicioneskraken.com

© Traducción: Diego Zaitegui

ISBN 978-84-92534-82-1
Depósito legal: M-16118-2014

Una obra original de Ballantine Books Trade Paperback
Copyright © 2010 PAWS, Inc. Reservados todos los derechos.
"GARFIELD" y todos sus personajes son marcas registradas de PAWS, Inc.
www.garfield.com

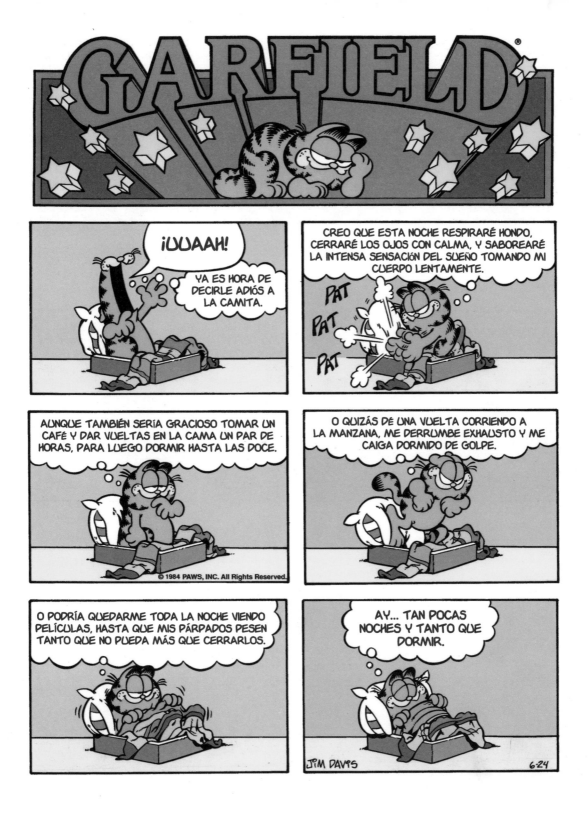

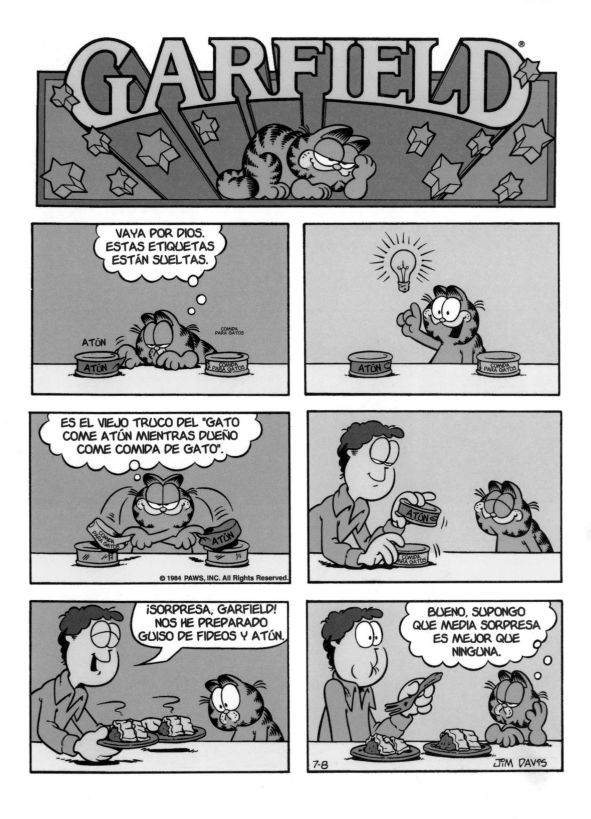

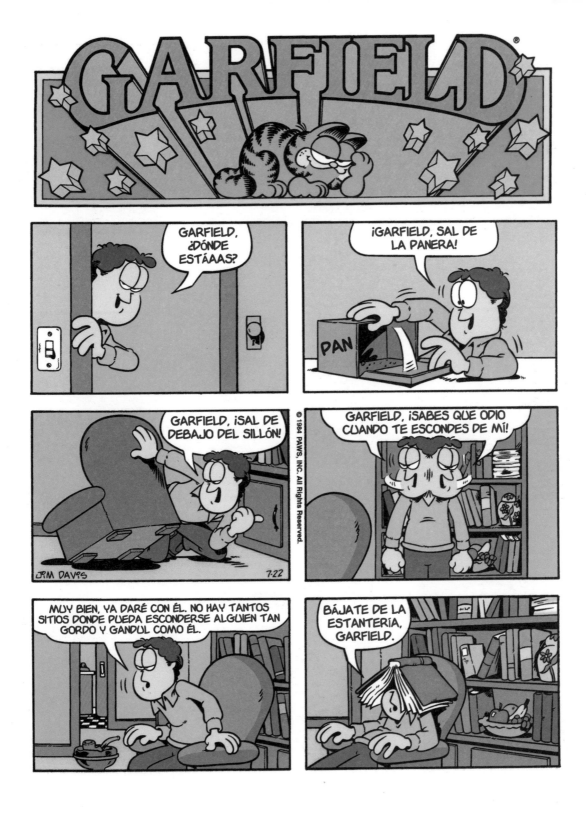

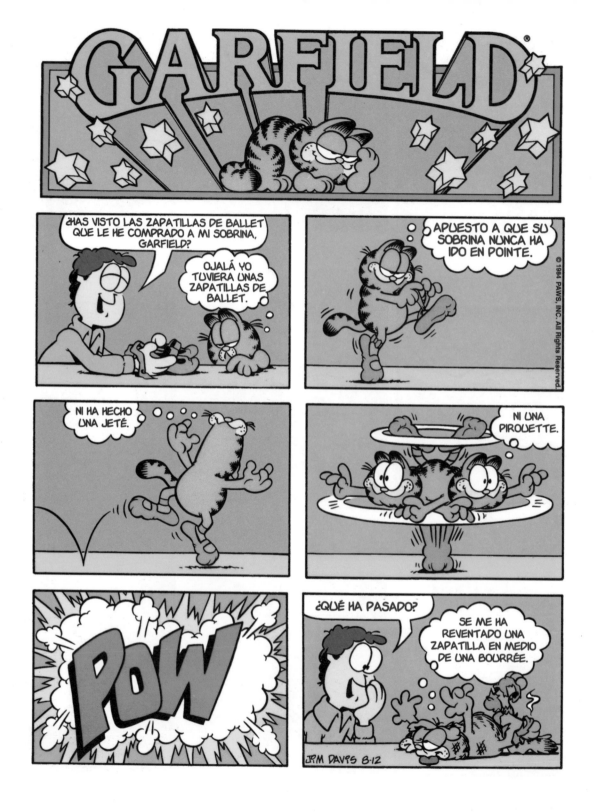

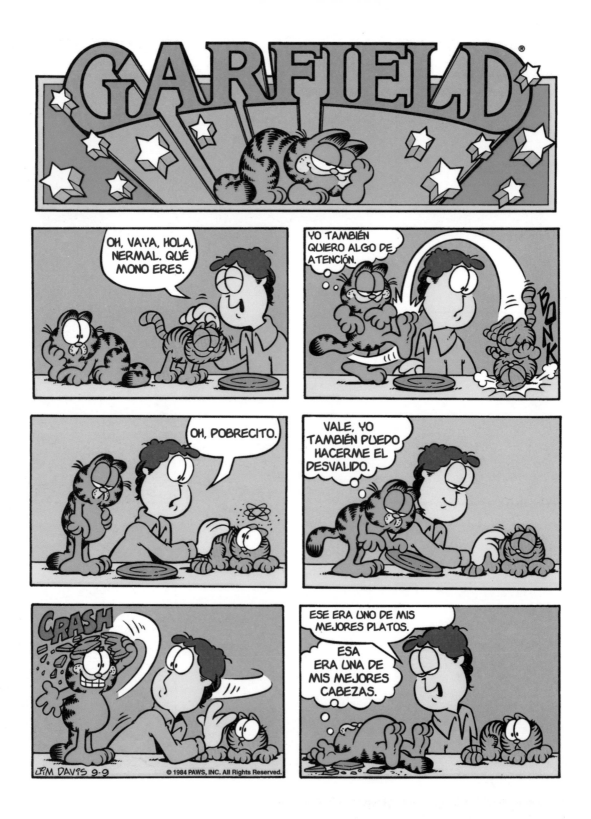

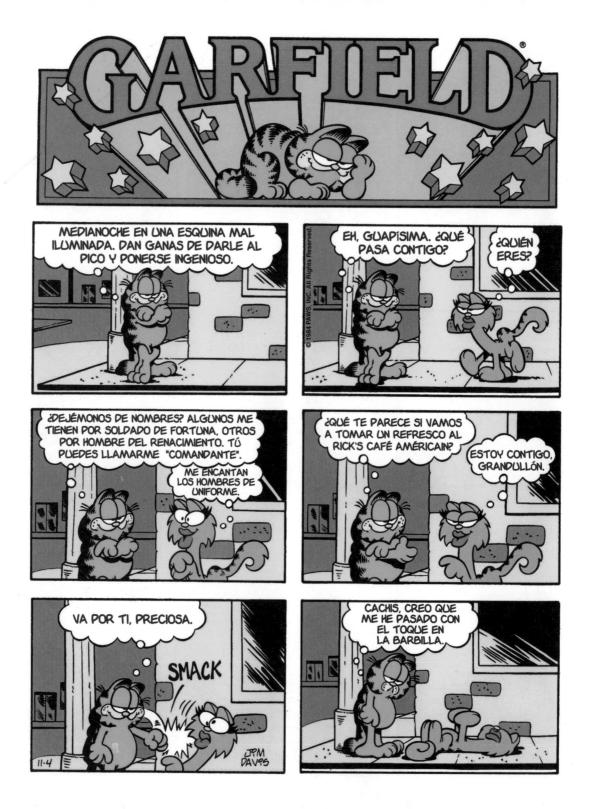

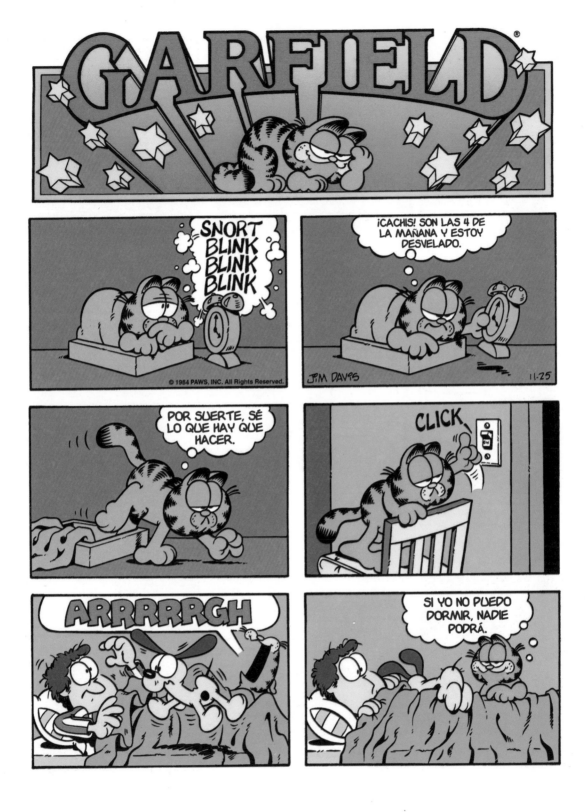

CARAY, ECHO DE MENOS A GARFIELD. ECHO DE MENOS HASTA EL MALTRATO.

¡RRR!

GRACIAS, ODIE, PERO ES QUE NO ES LO MISMO.

ME ENCANTARÍA CAZAR TU RATÓN, ABUELO, PERO ES QUE NO HE VISTO NINGUNO QUE VALGA EL ESFUERZO. ¿NO TIENES ALGUNO MÁS GRANDE?

¡TRAED AL RATÓN DE ENTRENA-MIENTO!

ESTO ME PASA POR BOCAZAS.

LO SIENTO, MAMÁ, NO PUEDO QUEDARME.

ASÍ ES MEJOR, CARIÑO DATE PRISA Y VUELVE A CASA. CASI ES NAVIDAD.

¡ES NAVIDAD! ¡CASI LO OLVIDO!

TAMBIÉN HABÍA OLVIDADO QUE ESTABA PERDIDO.

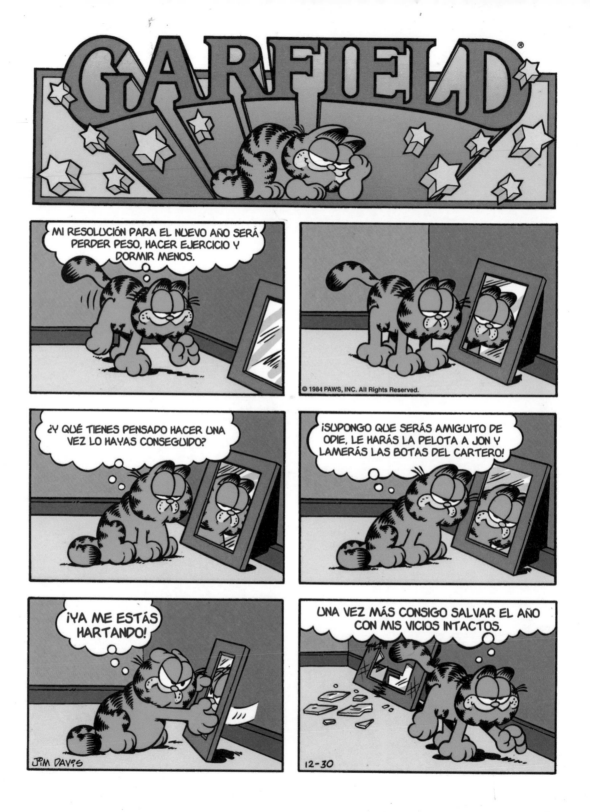